BEI GRIN MACHT SI¢
WISSEN BEZAHLT

- Wir veröffentlichen Ihre Hausarbeit,
  Bachelor- und Masterarbeit

- Ihr eigenes eBook und Buch -
  weltweit in allen wichtigen Shops

- Verdienen Sie an jedem Verkauf

Jetzt bei www.GRIN.com hochladen und kostenlos publizieren

Bibliografische Information der Deutschen Nationalbibliothek:

Die Deutsche Bibliothek verzeichnet diese Publikation in der Deutschen National-
bibliografie; detaillierte bibliografische Daten sind im Internet über http://dnb.d-
nb.de/ abrufbar.

Impressum:

Copyright © 2016 GRIN Verlag, Open Publishing GmbH
Druck und Bindung: Books on Demand GmbH, Norderstedt Germany
ISBN: 9783668332058

Dieses Buch bei GRIN:

http://www.grin.com/de/e-book/343599/die-verfassungstypologie-bei-immanuel-
kant

Alexander Schmucker

Die Verfassungstypologie bei Immanuel Kant

Weshalb ist für Ihn die Gewaltenteilung von solcher Bedeutung?

GRIN Verlag

GRIN - Your knowledge has value

Der GRIN Verlag publiziert seit 1998 wissenschaftliche Arbeiten von Studenten, Hochschullehrern und anderen Akademikern als eBook und gedrucktes Buch. Die Verlagswebsite www.grin.com ist die ideale Plattform zur Veröffentlichung von Hausarbeiten, Abschlussarbeiten, wissenschaftlichen Aufsätzen, Dissertationen und Fachbüchern.

Besuchen Sie uns im Internet:

http://www.grin.com/

http://www.facebook.com/grincom

http://www.twitter.com/grin_com

Friedrich-Alexander-Universität Erlangen-Nürnberg
Institut für Politikwissenschaften
Hauptseminar: Kant als Menschenrechtstheoretiker
Sommersemester 2016

Die Verfassungstypologie bei Immanuel Kant

-

Weshalb ist für Ihn die Gewaltenteilung von solcher Bedeutung?

vorgelegt von:
Alexander Schmucker
1.Studienfach: Politikwissenschaft, Semester 8
2. Studienfach: Soziologie, Semester 8

Inhaltsverzeichnis

1. Einleitung

Die Gewaltenteilung in einem Staat stellt ein hohes Gut dar, welches zumindest in der westlichen Welt oftmals als Selbstverständlich erachtet wird, ohne sich der Bedeutung eben jener wirklich im Klaren zu sein. Diese immens hohe Bedeutung wird dann offensichtlich, wenn die Gewaltenteilung von einer Regierung stückweise abgebaut oder gar ganz abgeschafft wird. Das prominenteste aktuelle Beispiel stellt hier wohl die Türkei dar. Staatspräsident Erdogan, der inzwischen schon oftmals als Despot bezeichnet wird, fiel kürzlich durch massive Eingriffe in die Justiz auf und entließ mehrere tausend Richter, welche nicht seinen Vorstellungen entsprachen. Auch in Ungarn können wir schon seit geraumer Zeit beobachten wie die Gewaltenteilung nach und nach geschwächt wird. Der Ministerpräsident des Landes, Viktor Orban, fiel ebenso wie Erdogan durch massive Eingriffe in die Justiz auf und war lange Zeit durch eine Zweidrittelmehrheit im Parlament in der Lage, willkürlich Gesetze zu erlassen oder gar die Verfassung nach den eigenen Vorstellungen abzuändern, ohne dass jemand hätte eingreifen können. Auch in Bezug auf Orban wird vermehrt von einem Despoten gesprochen, ein zentraler Begriff dieser Arbeit, wie sich noch zeigen wird.

Kant beschäftigte sich im Zuge seiner Staatsformenlehre intensiv mit der Gewaltenteilung und deshalb soll die Frage dieser Arbeit auch lauten welche Bedeutung sie für ihn innerhalb seiner Verfassungstypologie einnimmt.

Hierzu wird in einem ersten Schritt geklärt werden wer laut Kant der Souverän in einem Staat ist und welche Rolle der allgemeine vereinigte Volkwille in diesem Zusammenhang spielt. In einem zweiten Schritt wird diese Arbeit die Staatsformenlehre bzw. Verfassungstypologie Kants anhand des ersten Definitivartikels in „Zum ewigen Frieden" näher betrachten. Daran anschließend wird sich der dritte Teil der Arbeit speziell mit dem kantschen Konzept der Gewaltenteilung auseinandersetzen, um so zu einer Antwort auf die oben formulierte Frage zu kommen. Die Arbeit schließt mit einem Fazit.

3

2. Der Dualismus der Begriffe Souverän und Volkssouveränität bei Kant

2.1 Wer ist der Souverän?

Die Kategorie der Souveränität stellt eine historische Kategorie dar. Folglich ist aus diesem Grund die Erkenntnis, welche im Souveränitätsbegriff zum Ausdruck kommt, nicht zu jeder Zeit gültig. Der Souveränitätsbegriff zählt zur Rechts- und Staatslehre und ist demnach ebenso historisch wie die Begriffe des Staates und des Rechts selbst.[1]

Kant beschäftigte sich intensiv mit dem Problem der Souveränität, da die Probleme der Gewaltenteilung und der Staatsformen vom Souveränitätsbegriff abhängig sind. An die Staatsphilosophie der Neuzeit, wie sie ab dem 16. Jahrhundert entwickelt wurde, knüpft Kant zweifelsfrei an. Viele Staatstheoretiker der Neuzeit haben das Problem der Souveränität ebenfalls vielfältig studiert. Beispielhaft anzuführen wäre hierbei Jean Bodins Staatstheorie. Bodin gilt als der Schöpfer der staatlichen Souveränität, welche für ihn die Substanz des Staates ausmacht.[2]

Um jedoch den Begriff der Volkssouveränität bei Kant erfassen zu können muss erst geklärt werden, wen Kant überhaupt als Souverän ansieht. Die Bewältigung dieser Frage gestaltet sich jedoch als schwierig, da wir es hierbei mit einer Doppeldeutigkeit zu tun haben. Dies erklärt auch weshalb er bei der Interpretation seiner Werke durch Dritte entweder als Apologet des aufgeklärten Absolutismus oder als Wegbereiter der Demokratie charakterisiert wird. Kaum eine Schrift von Kant gibt darüber Aufschluss inwiefern er den Begriff der Souveränität definiert. Die Schwierigkeit bei der Interpretation seines Souveränitätsbegriffs steigt zudem dann sprunghaft an, wenn versucht wird sich vor Augen zu führen wen er denn nun für den Souverän hält. In den Werken Kants wird sowohl das Staatsoberhaupt, also beispielsweise ein König, als auch das Volk als Souverän bezeichnet.[3] Den ersten Kontakt mit dem Terminus der Souveränität bei Kant findet man in seinem Werk „Metaphysik der Sitten", wo er, in Bezug auf die von Montesquieu formulierte Teilung von drei Staatsgewalten, den Versuch unternimmt zu beschreiben, wem diese drei staatlichen Gewalten zuzuordnen sind.[4]

---

[1] Kelsen, 1920, S. 4
[2] Sulaiman-Khil, 1995, S. 61
[3] Joung, 2006, S. 33
[4] Ebd, S. 33f

4

Kant führt hierzu aus:

> *„Ein jeder Staat enthält drei Gewalten in sich, d.i. den allgemein vereinigten Willen in dreifacher Person (trias politica): die Herrschergewalt (Souveränität) in der des Gesetzgebers, die vollziehende Gewalt in der des Regierers und die rechtsprechende Gewalt (als Zuerkennung des Seinen eines jeden nach dem Gesetz) in der Person des Richters (...)."*[5]

In der „Metaphysik der Sitten" taucht der Begrifft der Souveränität noch ein zweites Mal auf und zwar wenn Kant hinsichtlich der Französischen Revolution von 1789 auf die Ersetzung des Monarchen als empirischer Inhaber der Herrschergewalt bzw. auf die Souveränität durch das Volk hinweist, wobei jedoch[6]:

> *„die Herrschergewalt des Monarchen gänzlich verschwand (nicht bloß suspendiert wurde) und aufs Volk überging, dessen gesetzgebenden Willen nun das Mein und Dein jedes Untertans unterworfen wurde. Man kann auch nicht sagen: daß dabei ein stillschweigendes, aber doch vertragsmäßiges Versprechen der Nationalversammlung, sich nicht eben zur Souveränität zu konstruieren, sondern nur dieser ihr Geschäfte zu administrieren, nach verrichtetem Geschäfte aber die Zügel des Regiments dem Monarchen wiederum in seine Hände zu überliefern, angenommen werden müsse."*[7]

Kant hat den Begriff der Souveränität als solchen so selten benutzt, dass man innerhalb der Werke, die Kant zu seiner Zeit veröffentlicht hat, lediglich diese beiden aufgeführten Textstellen findet, ohne dass Kant irgendwelche weiteren begrifflichen Definitionen anführt oder noch zusätzliche Erklärungen findet.[8]

Trotzdem, dass man bei beiden Textstellen von einem offensichtlichen Mangel einer allgemeingültigen Definition des Souveränitätsbegriffs sprechen kann, scheint es Kant jedoch zu schaffen auf die Fragen, wer der Souverän und welche Gewalt Inhaber der Souveränität ist, klare Antworten liefern zu können. Aus beiden Zitaten lässt sich herauslesen, dass für Kant die staatliche Souveränität sowohl völlig identisch ist mit der „Herrschergewalt" als auch mit der gesetzgebenden Gewalt. Deshalb ist sie, für den Fall dass sie sich nie auf eine bestimmte alleinige Person bezieht, dem jeweiligen Gesetzgeber zugehörig, welcher laut Kant mit dem jeweiligen Herrscher identisch ist.[9]

---

[5] Kant, 1870, S. 152
[6] Joung, 2006, S. 34
[7] Kant, 1870, S. 185
[8] Joung, 2006, S. 34
[9] Ebd., S. 34f

5

Zusammenfassend kann man also folgende Tatsachen konstatieren:

Erstens ist der Souverän laut Kant zugleich die „Herrschergewalt", d.h. der Souverän ist der Herrscher. Zweitens liegt nach ihm die Souveränität in der gesetzgebenden Gewalt und somit ist der Gesetzgeber auch der Souverän. Das bedeutet, dass bei Kant die Frage wem denn nun die staatliche Souveränität angehört, also wer der eigentliche Souverän ist, mit der Frage nach dem Inhaber der legislativen Gewalt beantwortet werden kann. Der Gesetzgeber, welcher durch den Souverän verkörpert wird und zugleich der Herrscher ist, kann jedoch nicht nur ein Monarch sein, sondern auch das Volk, *„so fern die ‚Herrschergewalt' nämlich so beschaffen sein soll, daß sie von dem einen ‚gänzlich verschwinden (nicht bloß suspendiert)' und auf andere ‚übergehen' kann."*[10]

Hierbei stellt sich in Bezug auf die entscheidende Frage, wer denn nun der Souverän sei, schlussendlich die dritte Tatsache formulieren: Der Inhaber der Souveränität im Sinn der „Herrschergewalt", bezieht sich ausschließlich auf einen jeweiligen Souverän, das bedeutet auf einen Souverän, Herrscher oder Gesetzgeber in der Erscheinung.[11]

Die gesetzgebende Gewalt stellt also laut Kant die „oberste" Gewalt bzw. die Souveränität dar, welche wiederum von einem, mehreren oder allen jeweils in Form eines Königs, Adelsstands oder dem gesamten Volkverkörpert wird und *„von Kant gemeinsam als ein ‚gegenwärtiges bzw. sichtbares Staatsoberhaupt", und zwar je als einen in der Erscheinung tätigen Souverän angesehen wird."*[12]

Diese Gleichsetzung des Souveräns mit dem gegenwärtigen Staatsoberhaupt lässt sich mit Kants Staatsformenlehre belegen, die in einem späteren Kapitel dieser Arbeit näher behandelt wird.[13]

2.2 Der „allgemein vereinigte Volkswille" als Gesetzgeber

Neben Kants eben angesprochenen Begriffs des tätigen Souverän, trifft man bei ihm gleichzeitig eine von diesem Begriff komplett abweichende Behauptung an, bei welcher es eben keinesfalls um einen in der Erscheinung tätigen Souverän als „sichtbares" Staatsoberhaupt geht, welcher ihm nach entweder Fürst, Adel oder das Volk sein kann. Es geht hierbei also nicht um die unter dem Begriff des Souveräns stattfindende Vorstellung der

---

[10] Joung, 2006, S. 35
[11] Ebd.. S. 35
[12] Ebd., S. 37
[13] Ebd., S. 36

6

Herrscher bzw. sichtbaren Oberhäupter, welche die Beherrschungsform eines Staates bestimmen, denn Kant behauptet[14]:

> *„Es muß eine uneingeschränkte oberste Gewalt seyn: Souveränität. Nur der gemeinschaftliche Wille kann diese oberste Gewalt haben."*[15]

Kant kommt hier in einer seiner Reflexionen, die seinem handschriftlichen Nachlaß entstammt, zu einer völlig entgegengesetzten Einsicht, nämlich dass die staatliche Souveränität eben nicht einem der in der Erscheinung möglichen „sichtbaren" Herrschern zuzurechnen ist, sondern einzig und allein dem sogenannten „gemeinschaftlichem Willen". Diese Annahme bestätigt er in seinem Werk „Metaphysik der Sitten" indem er schreibt[16]:

> *„Die gesetzgebende Gewalt kann nur dem vereinigten Willen des Volkes zukommen (...) Also kann der übereinstimmende und vereinigte Wille, sofern ein jeder über alle und alle über einen jeden ebendasselbe beschließen, mithin nur der allgemein vereinigte Volkswille gesetzgebend sein."*[17]

Kant bestätigt hier also, dass die oberste Staatsgewalt, welche in der Person des Gesetzgebers liegen muss und zugleich die Souveränität bildet niemandem außer dem allgemeinen vereinigten Volkswillen angehören kann. Dieser allgemeine vereinigte Volkswille ist also ein einziger Souverän und befindet sich damit in einem klaren Widerspruch zu Kants ersterer Behauptung.[18] Dieser übereinstimmende und vereinigte Wille des Volkes kann laut Kant nur dadurch zustande kommen, indem *ein jeder über alle* aber auch *alle über einen jenen* ebendasselbe beschließen.

Der Gesetzgebungsakt, bei welchem wie eben angesprochen ein jeder über alle und alle über einen jeden ebendasselbe beschließen können, sollte keinem anderen Willen zu Grunde liegen als jenem, zu dem alle einstimmig zugestimmt haben. Es handelt sich hierbei also um einen übereinstimmenden Volkswillen, weil er mit dem einzelnen Willen eines jeden übereinstimmt. Solch ein Wille betrifft jedoch nicht den faktischen Konsens aller Einzelbürger innerhalb eines realen Gemeinwesens. Es handelt sich hierbei lediglich um einen hypothetischen Willen des Volkes. Ernst Fraenkel bezeichnete dies richtigerweise als das deutsche Äquivalent des volonté générale von Rousseau.[19]

---

[14] Joung, 2006, S.38
[15] Kant, Reflexionen, #7713, AA Bd. 19, S.499
[16] Joung, 2006, S. 38
[17] Kant, 1870, S. 152
[18] Joung, 2006, S. 38
[19] Ebd. S. 39

Rousseaus volonté générale ist für ihn das Kriterium politisch- rechtlicher Gerechtigkeit. An dieses Kriterium ist laut ihm die staatliche Gesetzgebung gebunden und Gesetze können auch anhand dieses Kriteriums nur dann legitim sein, wenn sie von der Gesamtheit der Rechtsunterworfenen in gleichem Maß gewollt werden. Die Notwendigkeit der strengen allgemeinen Zustimmungsfähigkeit garantiert zum einen die Gleichheit aller Rechtsgenossen, welche wiederum durch die Verwirklichung einer politisch- rechtlichen Gleichheit zudem auch die Freiheit aller fördert.[20] Otto Vossler schreibt hierzu in seinem Werk „Rousseaus Freiheitslehre", dass die Schranke der Staatsgewalt verlegt wird und zwar von außen nach innen, von der Macht hin zum Willen ebenso wie vom positiven Recht auf das Prinzip.[21]

Trotz seiner Nähe zu Rousseau und den Anleihen bei eben jenem, geht Kant über diesen gleichzeitig entscheidend hinaus, indem er klarstellt, dass das Gerechtigkeitskriterium der volonté générale in kritischer Differenz zu jeder tatsächlichen Gesetzgebung zu stehen hat. Somit löst er kritisch die Aporien der Staatslehre von Rousseau auf und beseitigt die darin enthaltenen totalitären Züge. Der latente Totalitarismus in der politischen Philosophie von Rousseau besteht darin, dass er mit dem Entwurf eines utopischen Ideals, in dem alle Differenzen zwischen Sein und Sollen, zwischen Neigung und Pflicht sowie zwischen politischen Gemeinwohl und Individualinteressen verschwinden, versucht sein Verlangen nach der Überwindung der gesellschaftlichen Selbstentfremdung zu befriedigen. Kant ist ein solcher Utopismus wie bei Rousseau suspekt.[22] Er stellt deshalb gegen die politische Unmittelbarkeitssucht von eben jenem klar, dass das Einlösen der volonté générale in einen empirischen Kollektivwillen niemals von Statten gehen kann. Als Gerechtigkeitskriterium kann die volonté générale nur durch die Wahrung ihrer unaufhebbaren Differenz zur tatsächlichen Politik kritisch zur Geltung kommen. Sie ist damit kein empirisches Faktum, vielmehr handelt es sich bei ihr um *„die symbolische Darstellung einer apriorischen Vernunftidee, die als kritischer Maßstab jeder wirklichen Politik vorausbleibt und mit letzterer nicht anders als im Modus des Als-Ob vermittelt werden kann."[23]* Kant schreibt hierzu:

> *„(…) es ist eine bloße Idee der Vernunft, die aber ihre unbezweifelte (praktische) Realität hat: nämlich jeden Gesetzgeber zu verbinden, daß er seine Gesetze so gebe, als sie aus dem vereinigten Willen eines ganzen Volkes habe entspringen können und jeden Untertan, sofern er Bürger sein will, so anzusehen, als ob er zu einem solchen*

---

[20] Bielefeldt, 2001, 119
[21] Vossler, 1963, S. 286
[22] Bielefeldt, 2001, S. 120
[23] Ebd. S. 120f

Willen mit zusammen gestimmt habe. Denn das ist der Probierstein der Rechtmäßigkeit eines jeden öffentlichen Gesetzes.[24]

Der „allgemein vereinigte Volkswille", welchem allein die Souveränität bildende legislative Gewalt zugerechnet werden soll, ist also kein empirisch zu erreichender Wille, sondern vielmehr ein sich a priori aus der Vernunft ableitender Volkswille, d.h. ein a priori gegebener hypothetischer Wille des Volkes oder mit anderen Worten ein ursprünglich und a priori vereinigter Wille aller, welcher zu dieser Vereinigung keinen rechtlichen Akt voraussetzt.[25]

Abschließend ist noch festzuhalten, dass die zwei Souveränitätsbegriffe bei Kant auf keinen Fall einen krassen Widerspruch darstellen, sondern dass es sich hierbei vielmehr um einen Dualismus handelt mit einem tätigen Souverän auf der einen und einem ursprünglichen Souverän auf der anderen Seite. Der „allgemein vereinigte Volkswille" bezieht sich demzufolge nicht auf einen in der Erscheinung tätigen Souverän, welchen Kant mit einem gegenwärtigen bzw. sichtbaren Herrscher gleichsetzt. Er bezieht sich stattdessen lediglich auf denjenigen Souverän, der zwar sehr wohl ein einzig wahrhafter, jedoch ausschließlich ursprünglicher oder anders ausgedrückt, ein rationaler Souverän ist. Somit kann man es auch nachvollziehen, wenn Kant davon spricht, dass sich ursprünglich die oberste Gewalt im Volk befindet.[26]

3. Kants Verfassungstypologie in „Zum ewigen Frieden"

3.1) Aufbau und Inhalt

Die erste Auflage von Kants „Zum ewigen Frieden" erschien im Jahr 1795. Im darauffolgenden Jahr wurde eine zweite erweiterte Auflage veröffentlicht, welche neben den Inhalten der ersten Auflage mit einem neuen Artikel, dem sogenannten „Geheimen Artikel zum ewigen Frieden" versehen wurde.[27]

Der Kernsatz dieses Artikels lautet:

> *„Die Maximen der Philosophen über die Bedingungen der Möglichkeit des öffentlichen Friedens sollen von den zum Kriege gerüsteten Staaten zu Rate gezogen werden."*[28]

---

[24] Kant, 1968, S. 49
[25] Joung, 2006, S 42
[26] Ebd. S. 43
[27] Sulaiman-Khil, 1995, S. 163
[28] Kant, 1867, S. 30

9

In Kants „Zum ewigen Frieden" ist die Möglichkeit bzw. die Unmöglichkeit zur Schließung von einem ewigen Frieden unter den realen Bedingungen enthalten. Es ist wichtig zu betonen, dass diese Schrift keinen ewigen Frieden verkündet, sondern zu ihm hinführen möchte. Mit ewig ist des Weiteren auch nicht die Länge eines während Friedenszustands gemeint, vielmehr handelt es sich beim Frieden um eine Aufgabe, welche auf ewig vor uns stehen wird und somit ein beständiges Ziel darstellt, welches es nach und nach zu erfüllen gilt.[29]

„Zum ewigen Frieden" setzt sich zusammen aus sechs Präliminarartikeln und drei Definitivartikeln. Es folgen zwei Zusätze, wovon einer der bereits angesprochene Geheimartikel ist. Ebenfalls Teil der Schrift ist ein Anhang bestehend aus zwei Abschnitten, welche das Verhältnis zwischen Moral und Politik untersucht.[30]

Die Präliminarartikel formulieren inhaltliche Normen und stellen damit notwendige Bedingungen für einen ewigen Frieden dar. Die Hauptgedanken Kants sind jedoch in den drei Definitivartikeln zu finden. Er orientiert sich dabei an der Formel von Thomas Hobbes, welche besagt, dass der Naturzustand der Menschen ein Zustand des Krieges ist, in dem alle gegen alle sind und in welchem jedermann stets gegen jedermann gerüstet sein muss. Er argumentiert deshalb, dass die Hervorbringung eines Friedenszustands über die Stiftung eines gesetzlichen Zustands geschehen muss. Dieser Teil des ewigen Friedens enthält also die positiven Bedingungen, die zur Stiftung des ewigen Friedens benötigt werden und zwar die Formen, in welchen der ewige Frieden realisiert werden kann.[31]

3.2) Staatsformen und Regierungsart

Kant untergliedert im ersten Definitivartikel („*Die bürgerliche Verfassung in jedem Staate soll republikanisch sein*"[32]) seiner Friedensschrift die Formen eines Staates in die „Form der Regierung" (forma regiminis) sowie in die „Form der Beherrschung" (forma imperii), wobei er die erstere mit der Staatsform und letztere mit der Regierungsart gleichsetzt.[33]

> *Die Formen eines Staats (civitas) können entweder nach dem Unterschiede der Personen, welche die oberste Staatsgewalt innehaben, oder nach der Regierungsart des Volks durch sein Oberhaupt, er mag sein welcher er wolle, eingeteilt werden, die erste heißt eigentlich die Form der Beherrschung (forma imperii) (...). Die zweite ist die Form der Regierung (forma regiminis), und betrifft die auf die Konstitution (...)*

---

[29] Sulaiman- Khil, 1995, S. 163
[30] Ebd. S. 163f
[31] Ebd. S. 164
[32] Kant, 1795, S. 20
[33] Joung, 2006, S. 36

gegründete Art, wie der Staat von seiner Machtvollkommenheit Gebrauch macht: und ist in dieser Beziehung entweder republikanisch oder despotisch.[34]

Bei der Frage nach der Regierungsart folgt Kant einer uralten Tradition und unterscheidet dabei drei Arten von Regierungen. Diese Unterscheidung wird anhand der Anzahl der Personen, welche die Herrschergewalt ausüben vollzogen. Wird die Herrschergewalt von einer Person ausgeführt so spricht man von einer Autokratie. Üben dagegen mehrere Personen die Macht aus so charakterisiert man die Regierungsart als Aristokratie, wohingegen man bei der Ausübung der Herrschergewalt durch alle von einer Demokratie spricht. Die erste Verfassungstypologie stammt von Platon, welche von Aristoteles schließlich ausgearbeitet wurde.[35]

Aristoteles unterscheidet im dritten Buch seines Werkes „Politik" zwischen drei Arten der wahren Verfassung. Hierbei handelt es sich um das Königtum, den Edelstaat bzw. die Aristokratie und die Politie (Verfassungsstaat). [36] Des Weiteren formuliert Aristoteles zugleich auch die drei sogenannten Ausartungen der eben aufgeführten Verfassungen:

> *„Ausschreitungen der genannten Verfassungen sind aber folgende: die Tyrannis ist Ausschreitung des Königthums, die Oligarchie Ausschreitung des Edelstaats, die Demokratie Ausschreitung des Verfassungsstaats.* "[37]

Kant orientierte sich bei der Einteilung der Staatsformen also an der aristotelischen Triade und unterschied wie bereits erwähnt Autokratie, Aristokratie und Demokratie. Staatsformen, in denen somit entweder einer, einige oder alle im Besitz der Herrschergewalt sind. Man spricht hierbei entweder von der Fürstengewalt, der Adelsgewalt oder der Volksgewalt.[38]

Wie zu Beginn des Kapitels angeschnitten, stellt Kant diesen Staatsformen die „Form der Regierung" bzw. die Regierungsart gegenüber, welche entweder republikanisch oder despotisch ist. Das ausschlaggebende Kriterium stellt hierbei der Gebrauch der Macht durch den Staat dar, welche auf dem allgemeinen Willen des Volkes beruht. Es ist also relevant wie die staatliche Macht organisiert ist oder in welcher Art und Weise sie ausgeführt wird und nicht wer sie schlussendlich in der Hand hat. Dieses Kriterium von Kant befreit die traditionelle Triade der Staatsformen von ihrer Abhängigkeit in Bezug auf die Herrscheranzahl und basiert laut Reinhart Koselleck auf einer Zwangsalternative. Damit ist

[34] Kant, 1795, S. 25
[35] Sulaiman- Khil, 1995, S. 86
[36] Bernays, 1872, S. 154
[37] Bernays, 1872, S. 155
[38] Sulaimain- Khil, 1995, S. 86f

11

gemeint, dass eine Regierungsform nicht anhand der Anzahl der herrschenden Personen bestimmt werden kann sondern nach der Teilung von legislativer und exekutiver Gewalt. Und somit ist die Regierungsform entweder republikanisch, wenn die gesetzgebende von der ausführenden Gewalt getrennt ist und die Macht von Repräsentanten ausgeübt wird, oder eben despotisch, wenn eine Gewaltenteilung nicht vorliegt.[39]

3.2.1 Die republikanische Regierungsart

Die republikanische Regierungsart stellt für Kant eine Form der politischen Macht dar, welche institutionell gesichert ist, jedoch ist sie für ihn nicht die beste Art und Weise der Regierung. Kant vertritt die These, dass die Regierungsart schlussendlich nicht durch Dekrete sondern durch Gesetze bestimmt sein soll. Er versteht unter der Regierungsart die Organisationsprinzipien der obersten Staatsfunktion und deren Verhältnis zueinander. Dies und die Regelhaftigkeit an sich bezeichnet er als Kennzeichen der republikanischen Regierungsart, denn derjenige Monarch sei despotisch, welcher die oberste Gewalt in Ansehung seiner Nachkommen nicht unter eine Regel bringt.[40] Deshalb bezeichnet er wie bereits angeklungen den Republikanismus wie folgt:

„Der Republikanism ist das Staatsprinzip der Absonderung der ausführenden Gewalt (der Regierung) von der gesetzgebenden (...)"[41]

dagegen handelt es sich beim Staatsprinzip des Despotismus um die:

eigenmächtige[n] Vollziehung des Staats von Gesetzen, die er selbst gegeben hat, mithin der öffentliche Wille, sofern er von dem Regenten als sein Privatwille gehandhabt wird.[42]

Eine weitere Eigenschaft der republikanischen Regierungsart ist die Verbundenheit zwischen dem Prinzip der Repräsentation und dem Prinzip der Gewaltenteilung. In Bezug auf die Repräsentation schreibt Kant, dass alle Regierungsformen, welche nicht repräsentativ seien im Grunde eine Unform darstellen würden, da hierbei der Gesetzgeber in ein und derselben Person gleichzeitig der Vollstrecker seines Willens sein könne.[43]

---

[39] Sulaiman- Khil, 1995, S. 87
[40] Ebd. S. 90
[41] Kant, 1795, S. 25
[42] Kant, 1795, S. 25f
[43] Sulaiman- Khil, 1995, S. 90

Beim Republikanismus handelt es sich um eine Regierungsart, welche in der Lage ist prinzipiell mit jeder Herrschaftsform zurechtzukommen, verlangt aber auch nicht nach einer besonderen Herrschaftsform, „*da der Geist des ursprünglichen Vertrags in jeder Staatsform wirksam werden kann*"[44]

Die wahre Republik ist nichts anderes als ein repräsentatives System des Volkes, welches sich mit Hilfe seiner Abgeordneten oder Deputierten seine Rechte besorgt. Sobald jedoch ein Staatsoberhaupt, wie beispielsweise der König sich auch repräsentieren lässt, so repräsentiert das vereinigte Volk nicht nur den Souverän sondern stellt ihn auch selber dar, da sich wie in einem vorherigen Kapitel beschrieben, die oberste Gewalt ursprünglich im Volk befindet. Von dieser obersten Gewalt müssen alle Rechte der einzelnen abgeleitet werden.[45]

Die Republik hat es demnach nicht mehr nötig die Regierungsgewalt aus den Händen zu geben und sie somit wieder jenen zu übertragen, die vorher die Führung übernommen hatten. Diese könnten so nämlich alle neuen Anordnungen durch reine Willkür wieder vernichten. Die Republik stellt ein Gemeinwesen dar, welches zum einen dem Rechtsbegriff des Staates entspricht und zum anderen diesen in der Erscheinungswelt darstellt. Im sozialen Bereich stellt die Republik die Vollendung der Moralität dar, da hier die Vernunft den moralischen Menschen und dessen Handeln und Begehren ihrer Herrschaft unterstellt. Das republikanische Zusammenleben wird im Allgemeinen durch die Gesetze des allgemeinen Willens reguliert und die exekutive Gewalt stimmt als Prinzip der staatlichen Zwangsanwendung mit der Freiheit überein. Somit endet die Geschichte der Herrschaft und es beginnt die Herrschaft der Vernunft.[46]

3.2.2 Die despotische Regierungsart

Für Kant liegt der Unterschied in der Regierungsart zwischen dem Republikanismus und Despotismus darin, ob sie auf dem allgemeinen Volkswillen oder auf einem Privatwillen beruht oder danach, ob der Wille einer Regierung in Bezug auf Freiheit und Gleichheit angemessen ist. Der Despotismus vereint alle Gewalten in einer Person, so dass hier nicht im Geringsten von einer Gewaltenteilung wie in der Republik die Rede sein kann. Ebenso ist im Despotismus keine Repräsentation möglich.[47]

---

[44] Sulaiman- Khil, 1995, S. 90f
[45] Ebd. S. 91
[46] Ebd. S. 92
[47] Ebd. S. 92

13

Den Despotismus in eine Republik umzuwandeln ist aber möglich und zwar dadurch, dass der Gesetzgeber auf seine qualifizierende Eigenmächtigkeit verzichtet. Beim Despotismus handelt es sich um eine Verfassung, welche sämtlichen Freiheiten der Untertanen aufhebt. Untertanen als Staatsbürger gibt es im Despotismus nicht. Des Weiteren negiert despotische Herrschaft jegliche politische Qualität. Ein Despot betrachtet den Menschen als marginal, als ein bloßes Werkzeug, das bei der Erlangung privater Absichten behilflich ist, spielt sie gegeneinander aus um sie somit „schlachten" zu lassen. Kant spricht hierbei von einer Umkehrung des Endzwecks der Schöpfung an sich.[48]

Despotische Herrschaft führt dazu, dass die staatsbürgerliche Qualität der Menschen im Staat zerstört wird und jene lediglich auf „Nur- Untertanen" reduziert werden. Für den Despoten stellen sie genau wie der Staat frei verfügbares Eigentum dar.[49]

> *„Die Regierung ist despotisch (...) wenn sie nicht der Diener des Staats und Verwalter seiner Angelegenheit sondern selbstherrscher (Souverän) ist weil er alsdann unrecht thun kann und wieder ihn kein gesetzliches Mittel (remedium iuris) möglich ist indem er als executor des Souveräns alle exsecutive gewalt hat."[50]*

Im Umkehrschluss bedeutet das laut Kant, dass der Republikanismus das Recht des Volkes darstellt, dem Minister bzw. Magistrat die Gehorsamkeit zu verweigern, wenn es davon überzeugt ist, dass mit ihm nicht gesetzeskonform verfahren wird.[51]

In seinen Reflexionen konkretisiert Kant die oben aufgeführten Gedanken wenn er sagt, dass nur der Monarch nicht unter dem Gesetz stehe, er jedoch, wenn er zugleich die Gesetze ausführen möchte, zum Despoten wird. Dies sei deshalb unerlaubt, da der Gesetzesvollzieher, also die Exekutive, unter der Kontrolle des Souveräns zu stehen habe, da die Untertanen ansonsten im Falle einer potentiellen Ungerechtigkeit bei der Gesetzesausführung despotisch unterdrückt werden würden.[52]

Der Herrscher hat sich nicht nur von jeglichem Eingriff in die Justiz und die Verwaltung zu enthalten, sondern auch den Staat analogisch zu den Gesetzen verwalten zu lassen, welche sich das Volk selbst nach allgemeinen Rechtsprinzipien geben würde. Bei einer republikanischen Regierung kann demnach von der Qualität der Gesetze nicht abgesehen werden. Ebenso darf die Regierung das Recht des Volkes auf eine eigenverantwortliche

---

[48] Sulaiman- Khil, 1995, S. 93
[49] Ebd. S. 93
[50] Kant, Vorarbeiten zum ewigen Frieden, AA Bd. 23, S. 159
[51] Ebd., S. 159
[52] Sulaiman- Khil, 1995, S. 93f

14

Lebensführung nicht ignorieren und darf des Weiteren ihre Macht nicht zur Durchsetzung ihres eigenen Wohlfahrtskonzepts missbrauchen. Anordnungen einer unrechtmäßigen Regierung, welche das fundamentale Recht eines jeden auf die Unabhängigkeit von der Willkür Dritter nicht beachtet und somit die staatliche Macht missbraucht, besitzen auf keinen Fall die Qualität von Gesetzen sondern haben höchstens die Qualität eines privaten Willens. Diese Absichten können noch so gut sein, doch eine solche Regierung unterscheidet sich faktisch nicht von einer tyrannischen Regierung. Bei beiden handelt es sich schlussendlich um despotische Regierungen. Sowohl im einen als auch im anderen Fall wird der Mensch zum Objekt eines fremden Willens gemacht und allein das ist ausschlaggebend.[53]

„Despot kann auch ein Guter König seyn, wenn er nach seiner Idee von Volcksglükseeligkeit und nicht des Rechts der Menschen, das aus ihrer freyheit fließt, regirt"[54]

In der Rechtslehre führt Kant aus, dass eine Regierung, die gleichzeitig Inhaber der gesetzgebenden Gewalt wäre, despotisch zu nennen sein würde, denn die Gesetzgebungskompetenz komme alleine dem vereinigten Volkswillen zu. Das bedeutet, dass eine Herrschaft nur insofern als rechtmäßig anzusehen ist, solange sie sich darauf beschränkt gemeinschaftliche Gesetze anzuwenden.[55]

4. Kant und die Gewaltenteilung

Die normative Idee von Rousseaus volonté générale fordert, dass Gesetze stets allgemein formuliert werden. Rousseau betont, dass der Gemeinwille sowohl in seinem Wesen als auch in seiner Auswirkung allgemein sein muss. Damit er sich auf alle beziehen kann, muss er auch von allen ausgehen. Des Weiteren verliere er seine natürlich Richtigkeit, sobald er nur auf einen einzelnen und festumrissenen Gegenstand, eine bestimmte Person oder eine konkrete Situation gerichtet sei, da dies den Verdacht nahe lege, dass es hier zu einer Diskriminierung bzw. Privilegierung komme. Ein Sonderrecht ist mit der allgemeinen staatsbürgerlichen und rechtlichen Gleichheit nämlich nicht zu vereinbaren. Die Vermittlung eines streng allgemeinen Gesetzes darf also nicht durch die Legislative geschehen sondern ist Teil des Aufgabenbereichs einer eigenständigen Judikative.[56]

---

[53] Sulaiman- Khil, 1995, S. 94
[54] Kant, Reflexionen , #8022, AA Bd. 19, S. 584
[55] Sulaiman- Khil, 1995, S. 94f
[56] Bielefeldt, 2001, S. 123

15

Schon bei Rousseau entwickelten sich also aus der Idee der volonté générale Ansätze hinsichtlich einer Gewaltenteilungslehre. Kant gelang es erstmals die Konzepte des allgemeinen Volkswillens und der Gewaltenteilung überzeugend miteinander zu verbinden und zu vermitteln. Die Notwendigkeit einer streng allgemeinen Zustimmungsfähigkeit wird nur dann als kritisches Kriterium der Gesetzgebung zum Tragen kommen, *„wenn man die vermittelnde Anwendung des Gesetzes auf die besondere Situation sowohl begrifflich als auch institutionell von der Gesetzgebung abtrennt.“*[57]

Aus diesem Grund übernimmt Kant die von Rousseau getroffene Unterscheidung von allgemein- normierenden Gesetzen und situationsbezogenen Dekreten, zieht darüber hinaus jedoch auch konkrete institutionelle Konsequenzen. Wie bereits weiter oben angesprochen handelt es sich bei den Befehlen einer Regierung nicht um Gesetze sondern um Dekrete, denn eine Regierung die neben ihrer eigentlichen Tätigkeit noch gesetzgebend fungieren würde wäre als despotisch zu charakterisieren. Um die Vermischung von allgemeinem Gesetz und besonderem Dekret zu verhindern ist es unabdingbar, dass Exekutive und Legislative nicht nur institutionell sondern auch konzeptionell voneinander getrennt bestehen. Dies führt innerhalb dieser Arbeit zu einer zentralen Erkenntnis: Für Kant bildet die Gewaltenteilung das Kennzeichen des Republikanismus.[58] In der Praxis bedeutet das, das die Gewaltenteilung Kennzeichen einer Staatsverfassung ist, in welcher sich die Exekutive an allgemeine Gesetze bindet, auf welche sie jedoch keinen politischen Zugriff besitzen. Des Weiteren würde eine Vermengung von der Legislative mit dem administrativen Gesetzesvollzug (Judikative) zu einem Despotismus führen, in welchem die Gesetzgebung der potentiellen Instrumentalisierung durch die Regierung aufgrund von Partikularinteressen schutzlos ausgeliefert wäre und somit nicht mehr im Dienste des universalen Menschenrechts stehen würde. [59] Kant ist nicht der erste Philosoph der für die Teilung der Staatsgewalten Partei ergreift. Montesquieu gilt hierbei als der bekannteste Vertreter der Gewaltenteilung. Der springende Punkt hierbei ist jedoch, dass Kant die Gewaltenteilung aus dem Prinzip des allgemeinen Volkswillen ableitet, was in der politischen Philosophie ein Novum und somit auch einen klaren Unterschied zum Ansatz von Montesquieu darstellte.[60]

Kants Modell geht insofern über den checks- and balances Ansatz von Montesquieu hinaus, dass er sowohl eine funktionale als auch personale Inkompatibilität für die Besetzung und das Ausführungen von öffentlichen Ämtern gefordert wird. Wer also einen Sitz in der

---

[57] Bielefeldt, 2001, S. 124
[58] Ebd. S. 124
[59] Ebd. S. 124
[60] Ebd. S. 125

16

gesetzgebenden Versammlung hat darf sowohl an keinen Regierungsgeschäften partizipieren als auch nicht mit richterlichen Aufgaben bekleidet werde. Ebenso dürfen Regierungsmitglieder zwar initiierend und beratend am Gesetzgebungsprozess teilnehmen, diesen jedoch wie erwähnt nicht beschließend begleiten.[61] Gleiches gilt für die Organisation der Rechtsprechung, denn so mögen zwar Repräsentanten des allein zur Gesetzgebung berufenen Volks an den Rechtsprechungsverfahren z.b. als Geschworene mitwirken, eine juristische Tätigkeit ist ihnen jedoch untersagt. Dieser wechselseitige Unterordnungsaspekt bei Kant, welcher ein Subsumtionsverhältnis zwischen den drei öffentlichen Gewalten darstellt, schließt eine Zusammenarbeit jener Gewalten in keinem Fall aus, sondern will im Gegenteil lediglich klarstellen, dass die wechselseitige Einwirkungen der Gewalten aufeinander, die unverzichtbar ist, nicht den Effekt haben darf, dass die eine Gewalt in der Lage ist die Funktion jener Gewalt, derer sie behilflich ist, an sich zu reißen.[62]

Das Prinzip der funktionalen Gewaltenteilung koordiniert die definitiv notwendige Zusammenarbeit der einzelnen Gewalten nach folgendem Grundsatz[63]:

„Jede Gewalt kann, soweit sie an und in der anderen Gewalt partizipiert, sich nur der für sie zulässigen Mittel bedienen, die ihrer Gesamtfunktion innerhalb des Systems der öffentlichen Gewalten entsprechen. Keine Gewalt kann demnach die Art von Mitteln gebrauchen, die für die Gewalt, in die sie hineinwirkt, typisch sind."[64]

So ist es möglich dass die Exekutive in die Gesetzgebung interveniert, dies aber lediglich als Initiator ohne Stimmrecht und nicht als zusätzlicher Gesetzgeber. Des Weiteren können Richter zwar über Minister und Beamten der Verwaltung urteilen, jedoch sind sie nicht befugt diese zu bestrafen. Abschließend kann der Souverän zwar die Regierung oder die Regierung ein- bzw. aussetzen aber nicht verurteilen oder Zwang auf sie ausüben. Diese Sonderstellung des Gesetzgebers, dem Inhaber der obersten Gewalt, kommt jedoch darin zum Ausdruck, dass dieser zum einen nicht gezwungen werden und zum anderen nicht verurteilt werden kann.[65]

„Nun kann über dem souverain keine richterliche Gewalt und kein rechtmäßiger Zwang seyn, weil sonst nicht er sondern diese Macht souverain seyn würde."[66]

---

[61] Thiele, 2003, S. 47f
[62] Thiele, 2003, S. 48f
[63] Ebd. S. 49
[64] Ebd. S. 49
[65] Ebd. S. 49
[66] Kant, Reflexion, #8051, AA, Bd. 19, S. 594

Durch die drei Gewalten soll der Staat die Autonomie haben sich anhand der Freiheitsgesetze zu bilden und zu erhalten. Durch diese Autonomie soll der Zustand der größten Übereinstimmung der Verfassung mit den vernunftrechtlichen Rechtsprinzipien gesichert werden. Jener Ansatz geht hervor aus der Struktur von Entscheidungsprozessen oder konkreter formuliert aus der logischen Struktur eines praktischen Vernunftschlusses also der Struktur eine Syllogismus: dem Ober-, Unter sowie dem Schlusssatz. Im Obersatz ist das Gesetz als Ausdruck des Willens enthalten, der Untersatz beinhaltet das Gebot nach dem Gesetz zu verfahren und abschließend der Schlusssatz enthält den Rechtsspruch. Kant bezeichnet dies als Prinzip der Subsumtion.[67]

Das Konzept der Gewaltenteilung bei Kant ist also von zentraler Bedeutung für die Sicherung der Freiheit. Kant verbindet die Legislative mit den Eigenschaften der Souveränität und Unfehlbarkeit, was die Vernunftherrschaft sicherstellen soll und den Gesetzgeber somit zum Motor der Freiheit machen. Die Durchsetzung eben jener soll durch die strikte Gesetzesunterworfenheit von Verwaltung und Regierung gesichert werden. Ebenso soll die Gesetzesbindung der Rechtsprechung dazu beitragen. Somit ist die Gewaltenteilung bei Kant ein Instrument der Freiheit.[68]

5. Fazit

Kant bezeichnet in seinen Werken sowohl das Staatsoberhaupt als auch das Volk als den Souverän. Für ihn ist staatliche Souveränität gleichzusetzen mit der Herrschergewalt und der gesetzgebenden Gewalt, weshalb dem Gesetzgeber die Souveränität zuzurechnen ist. Der Gesetzgeber kann bei Kant neben dem Monarch aber auch das Volk sein. Neben dem Konzept des Monarchen als tätigen Souverän findet sich bei Kant auch eine völlig entgegengesetzte Sicht. Die Souveränität sei hierbei einzig und allein dem allgemeinen vereinigten Volkswillen zuzurechnen. Laut Kant ist dieser Volkswille kein empirisch zu erreichender Wille sondern ein ursprünglich und a priori vereinigter Wille. Er spricht deshalb in diesem Fall vom ursprünglichen Souverän, was bedeutet, dass die oberste Gewalt im Volke liegt.

Es ist jedoch zu sagen, dass es sich bei diesen beiden Souveränitätsbegriffen bzw. Konzepten eben nicht um einen krassen Widerspruch handelt sondern vielmehr um einen Dualismus von tätigem und ursprünglichem Souverän.

In „Zum ewigen Frieden" finden wir die Verfassungstypologie von Kant. Es handelt sich dabei um ein Werk, in welchem die Möglichkeit bzw. die Unmöglichkeit zur Schließung

---

[67] Sieckmann, 2005, S. 34
[68] Sieckmann, 2005, S. 35

eines ewigen Friedens unter den realen Bedingungen enthalten ist. Kant argumentiert, dass der Friedenszustand über die Stiftung eines gesetzlichen Zustands geschehen muss. In seinem ersten Definitivartikel untergliedert Kant die Formen eines Staates in die „Form der Beherrschung" (forma imperii) sowie die „Form der Regierung" (forma regiminis). Ersteres stellt dabei die Regierungsart dar, welche entweder republikanisch oder despotisch sein kann, wohingegen zweiteres die Formen beschreibt, die ein Staat annehmen kann (Monarchie, Aristokratie, Demokratie). Ob es sich nun im eine Republik oder ein Despotismus handelt lässt sich daran erkennen, ob eine Gewaltenteilung im Staat vorliegt oder nicht, denn wo die Republik das Staatsprinzip der Absonderung der Exekutiven von der legislativen Gewalt darstellt, handelt es sich beim Despotismus um das Staatsprinzip des eigenwilligen Vollzugs von Gesetzen seitens des Staates. Diese hat er selbst gegeben und sie entstammen somit einem Privatwillen und eben nicht dem Volkswillen wie von Kant gefordert, da sich nur von ihm sämtliche Gesetze und Rechte für den einzelnen ableiten können. Der Despotismus hebt also die Rechte und die Freiheit des Individuums in einem Staat auf.

Damit lässt sich auch die eingangs gestellte Frage, weshalb für Kant die Gewaltenteilung von solcher Bedeutung ist, beantworten. Sie stellt das Kennzeichen des Republikanismus dar, nach dessen Modell jede bürgerliche Verfassung aufgebaut sein soll, wie im ersten Definitivartikel des ewigen Friedens von Kant gefordert. Nur durch die Gewaltenteilung wird der allgemein vereinigte Volkswille als oberste Gewalt und somit die individuelle Freiheit eines jeden geschützt. Die Gewaltenteilung stellt damit bei Kant einen Motor der Freiheit dar und ist somit auch eine Bedingung für die Stiftung und Aufrechterhaltung des Friedenszustands. Im Gegensatz zu Montesquieu ist die Gewaltenteilung bei Kant aber kein System der checks- and balances, vielmehr geht es bei ihm darum, dass sich die Gewalten einander unterordnen statt sich gegenseitig zu kontrollieren. Das heißt konkret die Legislative beugt sich dem allgemeinen Volkwillen als Quelle der Gesetzgebung, die Exekutive führt wiederum das aus was die Legislative in Abhängigkeit des Volkswillen auf den Weg bringt. Es handelt sich also hierbei mit ein Subsumtionsverhältnis der Gewalten zueinander.

6. Literaturverzeichnis

Bernays, Jacob: Aristoteles' Politik. Erstes, Zweites und Drittes Buch, Berlin, 1872, Verlag von Wilhelm Hertz.

Bielefeldt, Heiner: Kants Symbolik. Ein Schlüssel zur kritischen Freiheitsphilosophie, Freiburg/München, 2001, Karl Alber Verlag.

Joung, Ho- Won: Volkssouveränität, Repräsentation und Republik. Eine Studie zur politischen Philosophie Immaniel Kants, Würzburg, 2006, Verlag Königshausen & Neumann.

Kant, Immanuel: Zum ewigen Frieden. Ein philosophischer Entwurf, Königsberg, 1795.

Kant, Immanuel: Zum ewigen Frieden. Nebst Auszügen aus anderen kantischen Schriften, betreffend den nämlichen Gegenstand. Neue Ausgabe mit einem Vorwort von G. Vogt, Bern, 1867, M. Fiala Verlag.

Kant, Immanuel: Metaphysik der Sitten. Herausgegeben und erläutert von J.H. v. Kirchmann, Philosophische Bibliothek Band 42, 1870, Leipzig, Verlag der Dürr'schen Buchhandlung.

Kant, Immanuel: Über den Gemeinspruch: Das mag in der Theorie richtig sein, taugt aber nicht für die Praxis. Herausgegeben von Julius Ebbinghaus, in: Berlinger, Rudolph (Hrsg.): Quellen der Philosophie, Band 8, Frankfurt am Main, 1968, S. 1-76.

Kant, Immanuel: Reflexionen zur Rechtsphilosophie, in: Kant, Immanuel: Moralphilosophie, Rechtsphilosophie und Religionsphilosophie. Handschriftlicher Nachlaß, Akademieausgabe von Immanuel Kants Gesammelten Werken. Band 19: S.442-613. Abgerufen unter: http://tinyurl.com/zotztbz (Stand: 04.08.2016).

Kant, Immanuel: Vorarbeiten zum ewigen Frieden, in: Kant, Immanuel: Vorarbeiten und Nachträge. Handschriftlicher Nachlaß, Akademieausgabe von Immanuel Kants Gesammelten Werken. Band 23: S. 153-192. Abgerufen unter: http://tinyurl.com/z4kaomh (Stand: 04.08.2016)

Kelsen, Hans: Das Problem der Souveränität und die Theorie des Völkerrechts: Beitrag zu einer reinen Rechtslehre, Tübingen, 1920.

Sieckmann, Jan- Reinhard: Kants Reine Republik und der Rechtsstaat, in: Otto-Friedrich-Universität Bamberg, Fak. Sozial- und Wirtschaftswissenschaften, Lehrstuhl für Politikwissenschaft I Politische Theorie (Hrsg.): Zum Zweihundertsten Todestag von

Immanuel Kant- Werkstattgespräche über Moral, Recht und Politik. Bamberger Beiträge zur Politikwissenschaft: Forschungsschwerpunkt Theorie der Politik, Nr. I-8, Bamberg, 2005, S. 23-42.

Sulaiman- Khil, Masouda: Eine Untersuchung der Politischen Philosophie Immanuel Kants, Leipzig, 1995.

Thiele, Ulrich: Repräsentation und Autonomieprinzip. Kants Demokratiekritik und ihre Hintergründe, Berlin, 2003, Duncker & Humblot Verlag.

Vossler, Otto: Rousseaus Freiheitslehre, Göttingen, 1963, Vandenhoeck & Ruprecht.

Lightning Source UK Ltd.
Milton Keynes UK
UKHW040621200519
342983UK00002B/513/P